Liv van Halen, Robert Walden u. a.

24 weihnachtliche Ideen für die Adventszeit

Bastelanleitungen, Rezepte, Lesetexte & Spiele für den Unterricht in der schönsten Zeit des Jahres

PERSEN

1. Auflage 2023

AAP Lehrerwelt GmbH
Veritaskai 3
21079 Hamburg
Telefon: +49 (0) 40325083-040
E-Mail: info@lehrerwelt.de
Geschäftsführung: Christian Glaser, Sandra Saghbazarian, Robin Schlenkhoff
USt-ID: DE 173 77 61 42
Register: AG Hamburg HRB/126335

Wir verwenden in unseren Werken eine genderneutrale Sprache. Wenn keine neutrale Formulierung möglich ist, nennen wir die weibliche und die männliche Form. In Fällen, in denen wir aufgrund einer besseren Lesbarkeit nur ein Geschlecht nennen können, achten wir darauf, den unterschiedlichen Geschlechtsidentitäten gleichermaßen gerecht zu werden.

Autorschaft:	Liv van Halen, Robert Walden, Gabriele Uplawski, Klara Kirschbaum, Cathrin Spellner, Anna Heine, Gerlinde Blahak, Manuela Daniels, Petra Proßowsky, Lena Havek
Covergestaltung:	TSA&B Werbeagentur GmbH, Hamburg
Covergrafik:	© Olena Rudo – stock.adobe.com
Satz:	L101 Mediengestaltung, Fürstenwalde
Druck und Bindung:	Esser printSolutions GmbH, Bretten

ISBN: 978-3-403-21148-8

www.persen.de

Inhaltsverzeichnis

Digitales Zusatzmaterial:

Virtuelle Hörspurgeschichte – zweifach differenziert

Liebe Lehrkräfte,

Weihnachten ist die schönste Zeit des Jahres und das nicht nur im Privatleben zu Hause. Sorgen Sie auch in Ihrem Klassenzimmer für fröhliche Weihnachtsstimmung bei Ihren Schülerinnen und Schülern! Dieser Band will Sie dabei unterstützen und bündelt dazu 24 Ideen aus ganz unterschiedlichen Bereichen: So finden Sie darin u.a. eine spannende Lesespurgeschichte, die sowohl für leseschwächere (Niveau 1) als auch für -stärkere (Niveau 2) Schülerinnen und Schüler geeignet ist. Neben kreativen Bastelanleitungen, leckeren Rezepten, besinnlichen Weihnachtsgedichten und unterhaltsamen Spielen finden Sie auch Vorschläge für den Englischunterricht.

Beim englischen Zeichen-Spiel ***Draw the Christmas word*** erhält jede Spielgruppe einen Satz Wortkarten zum Zeichnen sowie die Spielanleitung. Die Spielregeln sollten zunächst im Plenum besprochen werden. Sowohl dieses Spiel als auch das ***Christmas vocabulary game*** können zudem als Wörterbuch-Training genutzt werden. Kennen die Schülerinnen und Schüler ein Wort nicht, sollten sie es in einem zweisprachigen Wörterbuch nachschlagen dürfen.
Beim ***Christmas vocabulary game*** sind die Spielkärtchen auf dem Arbeitsblatt bereits durcheinandergewürfelt. Sie können das Blatt also direkt an die Klasse ausgeben und die Kärtchen ausschneiden lassen. Diese werden dann verdeckt auf den Tisch gelegt. Die Schülerinnen und Schüler müssen während des Spiels die richtigen Pärchen finden. Die Spielgruppen sollten dabei nicht größer als fünf Personen sein.

Vor der praktischen Umsetzung des ***Klassen-Adventskalenders*** sollten die einzelnen Arbeitsschritte im Plenum besprochen und die Aufgaben an kleinere Gruppen bzw. Einzelpersonen gerecht verteilt werden, sodass sich alle einbringen und ihren Beitrag zum Gesamtprodukt leisten können.

Mit dem ***7-Minuten-Escape-Room*** trainieren die Schülerinnen und Schüler Konzentrationsfähigkeit und logisches Denken. Sie können in Kleingruppen zusammenarbeiten oder versuchen, das Rätsel allein zu lösen. Teilen Sie zuerst das Arbeitsblatt mit dem Escape-Room aus. Setzen Sie für die Bearbeitung ein Zeitlimit: 5, 7 oder 10 Minuten – je nach Leistungsstand Ihrer Schülerinnen und Schüler. Wurde das Rätsel richtig gelöst, erhalten die Lernenden das zweite Blatt mit der Auflösung der Geschichte. Dieses enthält zudem eine optionale Extra-Aufgabe.

Ein zusätzliches Highlight finden Sie im digitalen Zusatzmaterial. Dort erwartet Sie eine virtuelle Hörspurgeschichte in zwei Schwierigkeitsstufen. Die Lernenden klicken im digitalen Raum mit 360-Grad-Optik Lautsprechersymbole an und hören kleine, gesprochene Textausschnitte. Verfolgen sie die Hinweise in der richtigen Reihenfolge, haben die Schülerinnen und Schüler die Herausforderung gemeistert.

Grundsätzlich sind alle Materialien schnell und ohne großen Aufwand im Unterricht einsetzbar. Und das Schönste: Der Band lässt sich jedes Jahr aufs Neue verwenden, denn schließlich kommt Weihnachten alle Jahre wieder!

In diesem Sinne wünsche ich Ihnen und Ihrer Klasse eine wundervolle Weihnachtszeit und viel Freude bei der Umsetzung der Ideen,

Ihre Liv van Halen

1
2
3
4
5
6
7
8
9
10
11
12
13
14

Auf dem Weihnachtsmarkt

Nura will ihrer Freundin Rebecca zu Weihnachten ein Geschenk kaufen. Rebecca hat sich beim Schlittschuhlaufen den Fuß gebrochen. Jetzt muss sie auf Krücken laufen. Nura will ihr deshalb einen E-Scooter schenken. So kann sie auch mit den Krücken durch die Stadt fahren. Zusammen mit ihrer großen Schwester Larissa entdeckt Nura im Internet einen gebrauchten E-Scooter. Er soll nur 25 Euro kosten. Was für ein Schnäppchen! Larissa vereinbart ein Treffen mit der Person, die den Roller verkaufen will.

Am nächsten Tag machen sich die Schwestern auf den Weg. Als sie bei der angegebenen Adresse ankommen, klebt ein Zettel an der Tür: „Ich bin auf dem Weihnachtsmarkt nebenan. Ich habe den E-Scooter dabei. Kommt doch einfach vorbei!"

Nura und Larissa gehen zum Weihnachtsmarkt. Aber dort sind so viele Menschen! Wie sollen sie da bloß die Person finden? Nura überlegt, wen sie fragen könnte. Da entdeckt sie einen Mann im Weihnachtsmann-Kostüm. „Vielleicht kann der uns ja helfen!", denkt sie sich. Beginne bei **1** mit dem Lesen.

1 Nura fragt den Mann: „Entschuldigung, haben Sie jemanden mit einem E-Roller gesehen?" Der Weihnachtsmann schüttelt den Kopf. „Leider nicht! Aber vielleicht kann euch Thomas helfen. Der arbeitet am Tannenbaum-Stand und sitzt auf seinem Stuhl", sagt er. Nura und Larissa machen sich auf den Weg zu Thomas.

2 Nuras Schwester tippt der Frau auf die Schulter. Sie dreht sich um und setzt ihre Kopfhörer ab. Da bemerkt Nura, dass die Hose der Frau nicht das richtige Muster hat. Das ist die falsche Frau! Lies noch einmal genau nach.

3 „Hallo! Wollen Sie hier etwas verkaufen?", fragt Nura den Mann. „Hä, was?", antwortet er. Mist! Das ist die falsche Person! Doch die beiden geben nicht auf. Sie sehen zwei Personen, die gemeinsam mit einem Hund unterwegs sind. Vielleicht wissen die ja mehr ...

4 Sie haben ihren Ehemann gefunden! Er holt den E-Roller aus dem Auto. Nura macht eine kurze Probefahrt. Der E-Scooter funktioniert super! Nura ist glücklich und gibt der Frau das Geld. Dann macht sie sich mit ihrer Schwester auf den Heimweg. Rebecca wird sich sicherlich riesig freuen! Weihnachten kann kommen!

5 Nura fragt den Verkäufer am Stand. „Hmm ... hier war gerade eine Frau. Ich glaube, dass sie jemanden gesucht hat. Sie hatte eine rote Mütze auf dem Kopf."

6 Nura und ihre Schwester gehen zu dem Stand. Aber hier ist kein Schneemann! Lies noch einmal genau nach.

7 „Hmm ... gute Frage!", sagt Thomas. „Hier war gerade ein Mann. Er hat einen Tannenbaum gekauft. Er hatte eine Mütze und eine graue Jacke. Er hat mir erzählt, dass er sich hier noch mit jemandem treffen will. Vielleicht meinte er ja euch!"

8 „Ich habe nicht nach euch gesucht", sagt die Frau. „Aber ich habe eine Frau gesehen, die jemanden gesucht hat. Sie trug eine Jacke und einen Schal und hielt etwas in der Hand. Ihre Hose hatte ein Karomuster." Nura und Larissa schauen sich um. Wo kann die Frau bloß sein?

9 Das ist nicht die gesuchte Frau, sondern ein junges Mädchen. Hier sind die beiden falsch. Lies noch einmal genau nach.

10 „Ein E-Scooter! Wie cool! So einen hätte ich auch gerne! Aber ich bin leider nicht der Verkäufer", sagt der Mann mit einem Lächeln. „Ach, so ein Mist! Wir werden die Person niemals finden“, sagt Nura. „Hey, gebt nicht auf! Fragt doch mal an dem Stand da drüben bei dem Schneemann!“, rät der Mann.

11 „Endlich! Ich habe schon überall nach euch geschaut“, sagt die Frau mit einem lauten Lachen. „Wir müssen den E-Scooter nur noch aus dem Auto holen. Wir parken hier um die Ecke. Mein Mann hat den Schlüssel. Seht ihr ihn? Er trägt eine rote Jacke und wollte noch Geschenke kaufen.“

12 Hier ist zwar jemand mit einem Hund unterwegs, aber es ist nur eine Person! Lies noch einmal genau nach, wen Nura und Larissa fragen wollten.

13 Das ist nicht der Mann, von dem Thomas gesprochen hat. Er hat zwar eine graue Jacke, aber wo ist der Tannenbaum? Hier sind Nura und ihre Schwester nicht richtig. Lies noch einmal genau.

14 „Nein, einen E-Scooter wollen wir nicht verkaufen!“, lacht die Frau mit der Hundeleine in der Hand. „Aber dahinten stand jemand mit einem Smartphone. Ich glaube, dass der auf jemanden wartet.“ Nura und Larissa suchen den Mann.

Meine Lesespur: | 1 | | | | | | | | |

Auf dem Weihnachtsmarkt

Nura will ihrer besten Freundin Rebecca zu Weihnachten eine Freude machen. Rebecca hat sich beim Schlittschuhlaufen den Fuß gebrochen und muss seitdem auf Krücken laufen. Nura möchte ihr deshalb einen E-Scooter kaufen. „So kann sie auch mit den Krücken durch die Stadt fahren und etwas mit mir unternehmen!", denkt sie sich. Zusammen mit ihrer großen Schwester Larissa entdeckt sie im Internet einen gebrauchten E-Roller, der nur 25 € kosten soll. Was für ein Schnäppchen! Nuras Schwester vereinbart kurzerhand ein Treffen mit der Person, die den Roller verkaufen will.

Am nächsten Tag machen sich die Schwestern auf den Weg. Die Person wohnt ganz in der Nähe. Doch als sie bei der Adresse ankommen, klebt ein Zettel an der Tür: „Ich bin auf dem Weihnachtsmarkt nebenan. Habe den E-Roller dabei. Kommt doch einfach vorbei!"

Nura und Larissa gehen zum Weihnachtsmarkt. Aber dort sind sehr viele Menschen! Wie sollen sie da bloß die richtige Person finden? Nura überlegt, wen sie fragen könnte. Da entdeckt sie einen Mann im Weihnachtsmann-Kostüm. „Vielleicht kann der uns ja helfen!", sagt sie und deutet in seine Richtung. Beginne bei **1** mit dem Lesen.

1 „Entschuldigung, können Sie uns vielleicht helfen?", fragt Nura den Mann im Weihnachtsmann-Kostüm. „Wir suchen eine Person, die hier einen E-Scooter verkaufen will. Haben Sie zufällig jemanden mit so einem Roller gesehen?" Der Weihnachtsmann schüttelt den Kopf. „Leider nicht, aber vielleicht kann Thomas euch helfen. Der arbeitet am Tannenbaum-Stand. Er sitzt meistens auf seinem Stuhl. Der hat hier alles im Blick!", sagt er. Nura und Larissa machen sich auf den Weg zu Thomas.

2 Nuras Schwester tippt der Frau auf die Schulter. Sie dreht sich um und setzt ihre Kopfhörer ab. Da bemerkt Nura, dass die Hose der Frau nicht das richtige Muster hat. Oje, das ist die falsche Person! „Entschuldigung, wir haben sie verwechselt", murmelt Nura. Lies noch einmal genau nach.

3 „Hallo! Wollen Sie hier etwas verkaufen?", fragt Nura den Mann. „Hä, was?", antwortet er verdutzt. Oje, das ist definitiv nicht die richtige Person! „Entschuldigung, da müssen wir sie verwechselt haben", sagt Larissa etwas beschämt. Doch die beiden wollen so schnell noch nicht aufgeben. Sie sehen zwei Personen, die gemeinsam mit einem Haustier unterwegs sind. Vielleicht wissen die ja mehr …

4 Sie haben ihren Ehemann gefunden! Er geht mit seinen Geschenken zum Auto und holt den E-Roller. Nura macht eine kurze Probefahrt auf dem Weihnachtsmarkt. Der E-Scooter funktioniert einwandfrei! Sie ist überglücklich und übergibt der Frau das Geld. Dann macht sie sich mit ihrer Schwester auf den Heimweg. Rebecca wird sich sicher riesig freuen – jetzt kann Weihnachten kommen!

5 Nura fragt den Verkäufer, ob er ihnen helfen kann. „Hmm … bei mir am Stand war gerade eine Frau. Sie hat erzählt, dass sie jemand angesprochen hat, ob sie etwas kaufen wolle. Sie dachte, dass ihr die Person Drogen verkaufen will. Aber vielleicht war das ja die Person, die ihr sucht. Fragt die Frau doch am besten! Sie hatte eine rote Mütze."

6 Nura und ihre Schwester sehen den Stand in der Ferne und gehen mit schnellen Schritten auf ihn zu. Aber als sie sich nähern, ist weit und breit kein Schneemann zu sehen. Hier sind sie falsch. Lies noch einmal genau nach.

7 „Hmm … gute Frage!“, brummt Thomas, als Nura ihn fragt. „Hier war gerade jemand, der einen Tannenbaum gekauft hat. Ein Mann mit Mütze und grauer Jacke. War ein netter Typ, hat mir sogar Trinkgeld gegeben. Er hat mir erzählt, dass er sich hier noch mit jemandem treffen will. Vielleicht meinte er ja euch!“

8 „Ja, eine Frau hat mich angesprochen“, sagt die Frau mit der roten Mütze. „Ich dachte schon, sie wäre eine Drogendealerin! Aber sie hat bestimmt nach euch gesucht.“ Nuras Herz beginnt höher zu schlagen. „Wie sah sie denn aus?“, fragt Nura aufgeregt. „Hmm … lass mich mal überlegen. Ich glaube, sie trug eine Jacke und einen Schal. Und sie hatte irgendetwas in der Hand … und eine Hose mit Karomuster hatte sie an!“ Nura und Larissa schauen sich um. Wo kann die Frau bloß sein?

9 Das ist nicht die gesuchte Frau, sondern ein junges Mädchen. Hier sind die beiden falsch. Lies noch einmal genau nach.

10 „Ein E-Scooter! Wie cool! Ich wünschte, ich hätte so einen. Ich habe bloß mein klappriges Fahrrad und da springt andauernd die Kette ab! Aber ich bin leider nicht der Verkäufer“, sagt der junge Mann mit einem Lächeln. „Ach, so ein Mist! Wir werden die Person niemals finden“, murmelt Nura vor sich hin. „Hey, gebt nicht auf! Fragt doch mal an dem Stand da drüben bei dem Schneemann!“, schlägt der Mann vor.

11 „Hallo, sind Sie die …“, setzt Nura an. „… die Person, die den E-Scooter verkaufen will! Ja, die bin ich“, unterbricht die Frau sie mit einem lauten Lachen. „Ach Mensch, ich habe schon überall nach euch geschaut. Ich hätte nicht gedacht, dass hier so viel los ist“, sagt sie sichtlich erleichtert. „Ja, wir haben Sie auch überall gesucht“, lacht Larissa.
„Wir müssen den E-Scooter nur noch aus meinem Auto holen. Wir parken hier gleich um die Ecke. Mein Mann hat den Schlüssel. Seht ihr ihn?“, sagt die Frau und blickt sich um. „Er trägt eine rote Jacke und wollte noch schnell Geschenke kaufen.“

12 Hier ist zwar jemand mit einem Haustier unterwegs, aber es ist nur eine Person! Lies noch einmal genau nach, wen Nura und Larissa fragen wollten.

13 Das ist nicht der Mann, von dem Thomas gesprochen hat. Er hat zwar eine graue Jacke, aber wo ist sein Tannenbaum? Hier sind Nura und ihre Schwester nicht richtig. Lies noch einmal genau.

14 „Ne, einen E-Scooter wollen wir nicht verkaufen. Mit so einem Ding bin ich mal tierisch auf den Hintern gefallen und hab mir das Steißbein gebrochen! Das hat wochenlang mordsmäßig wehgetan!“, lacht die Frau mit der Hundeleine in der Hand. „Aber dahinten habe ich jemanden gesehen, der so aussah, als würde er auf jemanden warten. Er klebte an seinem Smartphone und stand nur rum.“

Meine Lesespur: | 1 | | | | | | | | |

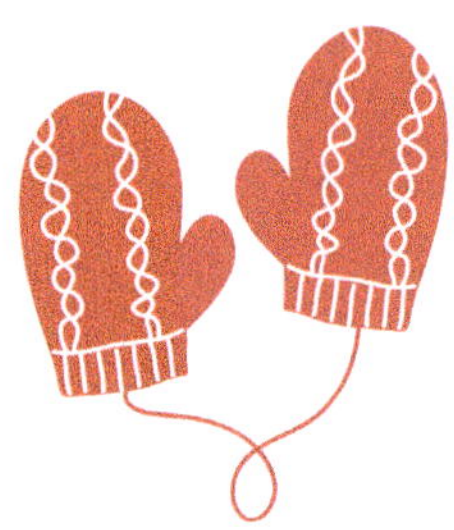

1 7 3 14 10 5 8 11 4

Advent

Es treibt der Wind im Winterwalde
Die Flockenherde wie ein Hirt,
Und manche Tanne ahnt, wie balde
Sie fromm und lichterheilig wird,
Und lauscht hinaus. Den weißen Wegen
Streckt sie die Zweige hin - bereit,
Und wehrt dem Wind und wächst entgegen
Der einen Nacht der Herrlichkeit.

Rainer Maria Rilke

Der Stern

Hätt' einer auch fast mehr Verstand
als wie die drei Weisen aus Morgenland
und ließe sich dünken, er wäre wohl nie
dem Sternlein nachgereist, wie sie;
dennoch, wenn nun das Weihnachtsfest
seine Lichtlein wonniglich scheinen lässt,
fällt auch auf sein verständig Gesicht,
er mag es merken oder nicht,
ein freundlicher Strahl
des Wundersternes von dazumal.

Wilhelm Busch

Weihnachten

Markt und Straßen stehn verlassen,
still erleuchtet jedes Haus,
sinnend geh ich durch die Gassen,
alles sieht so festlich aus.

An den Fenstern haben Frauen
buntes Spielzeug fromm geschmückt,
tausend Kindlein stehn und schauen,
sind so wunderstill beglückt.

Und ich wandre aus den Mauern
bis hinaus ins freie Feld,
hehres Glänzen, heil'ges Schauern!
Wie so weit und still die Welt!

Sterne hoch die Kreise schlingen,
aus des Schnees Einsamkeit
steigt's wie wunderbares Singen –
O du gnadenreiche Zeit!

Joseph von Eichendorff

Faltanleitung für eine Tannenbaum-Serviette 3

Ob zum Advents-Kaffeekränzchen oder zum großen Festessen – eine weihnachtliche Serviette in Tannenbaum-Form ist in jedem Fall ein Hingucker! Dekoriere auch du deinen Esstisch mit gefalteten Servietten, indem du nachfolgende Schritte befolgst.

Schritt 1: Klappe eine Serviette zur Hälfte auf.

Schritt 2: Lege deinen Zeigefinger der rechten Hand auf die Mitte der oberen Kante (s. Punkt 1). Falte die linke Ecke der Serviette leicht zur Mitte. Anschließend machst du dasselbe mit getauschten Händen mit der rechten Ecke.

Schritt 3: Falte nun die linke Seite so weit zur Mitte, dass die äußere Faltkante unten mit der Serviettenmitte abschließt.

Schritt 4: Wiederhole Schritt 3 auf der rechten Seite.

Schritt 5: Klappe die untere Serviettenhälfte nach oben und knicke sie dann ungefähr an der Stelle wieder nach unten, an der der zuvor gefaltete Baum zu etwa zwei Drittel sichtbar ist.

Schritt 6: Lege nun deinen Zeigefinger der rechten Hand auf den linken Punkt 2 (s. Abb. Schritt 5) und greife mit deinem Daumen der linken Hand in die Ecke beim linken Punkt 3. Ziehe die Ecke nun in Richtung der darunterliegenden Kante.

3 Faltanleitung für eine Tannenbaum-Serviette

Schritt 7: Streiche die Faltkanten glatt. Es entsteht dabei ein Dreieck und die linke Seite des Baumstamms.

Schritt 8: Lege deinen Zeigefinger der linken Hand auf den rechten Punkt 2 und greife mit deinem Daumen der rechten Hand in die Ecke beim rechten Punkt 3.

Schritt 9: Ziehe die Ecke nun in Richtung der darunterliegenden Kante. Streiche die Faltkanten glatt. Es entsteht dabei ein weiteres Dreieck, das das vorherige Dreieck überlappt, sowie die rechte Seite des Baumstamms.

Nun ist auch der Stamm fertig.

Schritt 10: Jetzt nur noch das Kunstwerk umdrehen und fertig ist dein Servietten-Weihnachtsbaum für die Festtafel!

Die Klasse wird in Zweiergruppen eingeteilt. Jedes Team erhält (mindestens) eine Karte. Das Team mit der Startkarte beginnt und liest die Scherzfrage vor. Die Gruppe mit der richtigen Antwortkarte reagiert und liest zunächst die Lösung sowie anschließend die nächste Frage laut vor.

Auf der Kopiervorlage sind die Karten in richtiger Reihenfolge angeordnet.

START	Was sitzt im Tannenbaum und winkt?	Ein Huhu	Was ist kalt und hüpft durch den Wald?
Ein Eishörnchen	Was ist ein Keks unter dem Weihnachtsbaum?	Ein Schattenplätzchen	Was ist klein, orange und wandert in den Bergen?
Eine Wandarine	Was ist schwarz-weiß und schaukelt?	Ein Schwinguin	Was ist süß und springt von Ast zu Ast?
Tarzipan	Was lernen die Elfen vom Weihnachtsmann?	Das Elfabet	Was ist weiß, kalt und kann nur „nein" sagen?
Ein Neemann	Was machen Piraten im Winter am liebsten?	Eine Seeballschlacht	Was ist ein Grizzly im Winter?
Ein Dezembär	Was ist süß und fährt durch einen Tunnel?	Eine Marzibahn	Was ist rot und singt fröhliche Weihnachtslieder?
Eine Frohmate	Was brennt und dreht sich zu viert?	Ein Adventstanz	Was ist dick und voll und hat Tradition?
Ein Weihnachtsbauch	Was sind zu viele Süßigkeiten an Heiligabend?	Eine Übernaschung	**ENDE** Fröhliche Weihnachten!

5 Begriffe erraten – Was ist es?

Spielt zu zweit.

Ein Spieler bzw. eine Spielerin zieht eine Karte und umschreibt den Begriff. Das Wort oder Teile aus dem Wort dürfen nicht benutzt werden. Die bzw. der andere versucht zu erraten, um welchen weihnachtlichen Begriff es geht.
Rät sie bzw. er richtig, gibt es einen Punkt. Wird der Begriff nicht erraten, bekommt der Spieler bzw. die Spielerin mit der Karte einen Punkt. Zieht abwechselnd je eine Karte.

Weihnachtspyramide	**Weihnachtsstollen**	**Keksdose**
Weihnachtsteller	**Schneekugel**	**Weihnachtsgruß**
Jesuskind	**Krippe**	**Spielzeug**
Strohstern	**Lametta**	**Bratapfel**
Mitternachtsmesse	**Kindergottesdienst**	**Weihnachtskonzert**
Heiligabend	**Geschenkband**	**Bienenwachskerze**
Nussknacker	**Weihnachtsmann-Kostüm**	**Christbaumspitze**
Pistazienkerne	**Mandeln**	**Zimt**
Plätzchenformen	**Lebkuchen**	**Adventssonntag**
Stern von Bethlehem	**Die Heiligen Drei Könige**	**Weihrauch**
Myrrhe	**Weihnachtsgans**	**Stall von Bethlehem**
„O Tannebaum“	**„Stille Nacht“**	**„O du fröhliche …“**

- Schneide die Tabu-Karten aus und gestalte die Abbildungen farbig.
- Spiele das Spiel mit anderen Spielern und Spielerinnen, indem ihr die weihnachtlichen Begriffe beschreibt, ohne die drei Tabu-Wörter unter den Bildern zu verwenden.
- Verwahre die Spielkarten in einem Briefumschlag.

Rentier

Schlitten
Weihnachtsmann
Geweih

Weihnachtsmann

Geschenke
Stiefel
Wunschzettel

Geschenk

Papier
Schleife
Wunsch

Wunschzettel

Papier
Stift
Wunsch

Weihnachtsbaum

Tanne
Kerzen
Schmuck

Kerze

Weihnachtsbaum
Licht
Wachs

Schlitten

Rentier
Weihnachtsmann
Geschenke

Kamin

Weihnachtsmann
Feuer
Geschenke

Schneemann

Schnee
Karotte
Hut

Tannenbaumkugel

Schmuck
Weihnachtsbaum
Kerzen

Adventskalender

Schokolade
Tage
Dezember

Schneeflocke

Eis
Schnee
Kristall

Illustrationen: Katharina Reichert-Scarborough

7 Weihnachtliches Silbenrätsel

Löse das Rätsel: Was wünscht man sich gegenseitig?

TOF ★ DEN ★ LIG ★ KNA ★ SCHMUCK ★ RING ★ STIE ★ KRIP ★ SEN ★ MAR ★
BAUM ★ NI ★ ZI ★ KO ★ FEL ★ AD ★ MEI ★ PEN ★ KA ★ FEL ★
DER ★ LEN ★ HEI ★ NUSS ★ VENTS ★ CKER ★ SPIEL ★ LA ★ KAR ★ MET ★
LAUS ★ ABEND ★ TA ★ PAN ★ FRIE ★ CHRIST

1 Süßigkeit, die nicht unter der Erde wächst, obwohl ihr Name es behauptet

2 Weihnachtsgeschichte als Aufführung

3 Schuh, der Anfang Dezember mit Süßigkeiten gefüllt wird

4 Dekoration für eine Tanne

5 Vogelfutter zum Aufhängen

6 Countdown zur Weihnachtszeit

7 Was sich Menschen an Weihnachten für die Welt wünschen

8 Wie nennt man den Abend des 24. Dezember?

9 Gerät zum Öffnen von Früchten mit harter, holziger Schale

10 Glitzernde Fäden am Weihnachtsbaum

Lösung

1 Süßigkeit, die nicht unter der Erde wächst, obwohl ihr Name es behauptet

M	A	R	Z	I	P	A	N	K	A	R	T	O	F	F	E	L

2 Weihnachtsgeschichte als Aufführung

K	R	I	P	P	E	N	S	P	I	E	L

3 Schuh, der Anfang Dezember mit Süßigkeiten gefüllt wird

N	I	K	O	L	A	U	S	S	T	I	E	F	E	L

4 Dekoration für eine Tanne

C	H	R	I	S	T	B	A	U	M	S	C	H	M	U	C	K

5 Vogelfutter zum Aufhängen

M	E	I	S	E	N	R	I	N	G

6 Countdown zur Weihnachtszeit

A	D	V	E	N	T	S	K	A	L	E	N	D	E	R

7 Was sich Menschen an Weihnachten für die Welt wünschen

F	R	I	E	D	E	N

8 Wie nennt man den Abend des 24. Dezember?

H	E	I	L	I	G	A	B	E	N	D

9 Gerät zum Öffnen von Früchten mit harter, holziger Schale

N	U	S	S	K	N	A	C	K	E	R

10 Glitzernde Fäden am Weihnachtsbaum

L	A	M	E	T	T	A

Lösung

F	R	O	H	E	S

F	E	S	T

8 Memo game – Hinweise für Lehrkräfte

In Großbritannien und auch in Australien gehören *Christmas crackers* zur Weihnachtsfeier. Sie enthalten neben dem *Christmas hat* (einer Papierkrone) und einem kleinen Plastikspielzeug immer auch einen Papierstreifen mit einem ziemlich flachen Witz. Die *Christmas jokes* in diesem Memospiel sorgen für vorweihnachtliches Schmunzeln.

Die Spielkarten werden zerschnitten, nach Questions und Answers sortiert und jeweils gut gemischt. Die Fragekarten werden verdeckt als 4×4-Fläche abgelegt, ebenso die Antwortkarten. Für einen höheren Schwierigkeitsgrad können Frage- und Antwortkarten auch vermischt werden. Das Memospiel kann nach den üblichen Spielregeln zu zweit oder zu dritt gespielt werden. Der Schwierigkeitsgrad kann durch die Anzahl der Kartenpaare im Spiel festgelegt werden.

Tipp: Die Kopiervorlagen auf festeres (farbiges) Papier kopieren, ggf. die Rückseiten mit einem roten Fragezeichen bzw. einem grünen Häkchen markieren und auch laminieren, um das Spiel haltbarer zu machen.

Spielvarianten:

Lebendige Spielkarten
In dieser Spielvariante werden Lernende zu Spielkarten, zwei Schüler(paare) sind die eigentlichen Spieler.
Je nach Klassenstärke wird eine entsprechende Anzahl an Spielkarten an die Lernenden verteilt. Diese setzen sich auf ihre aufgereihten Stühle (z.B. 4×4 Stuhlreihen) in zwei Gruppen, also nach Fragen und Antworten sortiert. Der jüngste/älteste Spieler beginnt und wählt nacheinander zwei „Spielkarten" aus, die er mit Namen anspricht. Die Spielkarten lesen ihre Frage bzw. Antwort von der Karte ab. Sobald ein Kartenpaar identifiziert wurde, verlässt das Paar die Plätze und unterstützt den Spieler mit Tipps.

Redekette
Alle Lernenden erhalten eine Karte. Eine Person, die eine Fragekarte hat, beginnt und liest diese laut und deutlich vor. Die Person, die die passende Antwortkarte hat, reagiert und liest die Antwort vor. Sie fragt „Who has got a question card?" und wählt einen der aufzeigenden Mitschüler aus. Nun wird die nächste Frage vorgelesen.

Lesespiel
Alle Fragekärtchen werden gemischt und mit dem Text nach unten in einem Stapel auf dem Tisch platziert. Die Antwortkarten liegen aufgedeckt auf dem Tisch. Die beiden Spielenden decken abwechselnd eine Fragekarte auf. Wer zuerst die passende Antwort findet, legt das Kartenpaar zur Seite. Die Person mit den meisten Kartenpaaren gewinnt.

? Question ?

What does one HO plus two HO make?

! Answer !

A jolly Santa.

? Question ?

What do Santa's elves do after school?

! Answer !

Their gnomework!

[elves are gnomes (dwarves); gnome sounds like "home"]

? Question ?

What nationality is Santa Claus?

! Answer !

North Polish!

? Question ?

What happened to the man who stole an advent calendar?

! Answer !

He got 25 days!

? Question ?

What do you call a can wearing a Christmas hat?

! Answer !

A merry can.

[American]

? Question ?

What do vegetarians wish for at Christmas?

! Answer !

Peas on Earth!

[peas sounds like "peace" ✌]

? Question ?

What do you call a singing elf?

! Answer !

A wrapper.

[The elves help Santa Claus to wrap all the presents.]

? Question ?

How was the snow globe feeling?

! Answer !

A little shaken!

Memo game – Get the joke?!

? Question ? How can you scare a snowman?	! Answer ! With a hairdryer!	? Question ? What's Australian fish's favourite Christmas event?	! Answer ! Corals by Candlelight. *[wordplay on 'Carols by Candlelight']*
? Question ? What kind of ball doesn't bounce?	! Answer ! A snowball!	? Question ? What do you call Father Christmas at the beach?	! Answer ! Sandy Claus!
? Question ? Why aren't penguins allowed to fly planes?	! Answer ! They're just not tall enough to be pilots!	? Question ? How do snowmen get around?	! Answer ! They ride an icicle! *[icicle sounds like "bicycle"]*
? Question ? Why is Frosty the Snowman so popular?	! Answer ! Because he is so cool!	? Question ? Santa Claus uses a sleigh. How do the elves get around?	! Answer ! By mini vans.

© ToddKuhns – stock.adobe.com

Advent wreath

© Ivan Kmit – stock.adobe.com

sleigh

© nruedisueli – stock.adobe.com

bauble

© by-studio – stock.adobe.com

gingerbread man

© McCarony – stock.adobe.com

Christmas tree

© Daria – stock.adobe.com

Christmas bells

© Roman Milert – stock.adobe.com

Santa Claus

© Prostock-studio – stock.adobe.com

Christmas vocabulary game

Christmas stockings

© BlueOrange Studio – stock.adobe.com

punch

© shaiith – stock.adobe.com

mistletoe

© Africa Studio – stock.adobe.com

snowman

© Yelena Shander – stock.adobe.com

cinnamon sticks

© LinieLux – stock.adobe.com

Advent calendar

© bit24 – stock.adobe.com

Christmas pudding

© womue – stock.adobe.com

reindeer

Die Lösungen werden im ersten Block von links nach rechts Zeile für Zeile gelesen. Im zweiten Block werden die Lösungen entsprechend fortgesetzt.

Advent calendar	 © LinieLux – stock.adobe.com	reindeer	 © womue – stock.adobe.com	Christmas pudding
 © shaiith – stock.adobe.com	punch	 © BlueOrange Studio – stock.adobe.com	Christmas stockings	 © bit24 – stock.adobe.com
snowman	 © Yelena Shander – stock.adobe.com	mistletoe	 © Africa Studio – stock.adobe.com	cinnamon sticks

 © nruedisueli – stock.adobe.com	Christmas tree	 © Roman Milert – stock.adobe.com	bauble	 © Ivan Kmit – stock.adobe.com
gingerbread man	 © by-studio – stock.adobe.com	Santa Claus	 © Daria – stock.adobe.com	Christmas bells
 © Prostock-studio – stock.adobe.com	Advent wreath	 © ToddKuhns – stock.adobe.com	sleigh	 © McCarony – stock.adobe.com

10 Draw the Christmas word

How to play the game:

- Play the game in a group of 4–5 students.
- Put the word cards face down.
- The oldest player starts.
- Pick a card. Don't show it to the other players.
- If you don't know the word, you can pick another card. (You can only do this once.)
- Draw the word. Don't speak while you are drawing.
- The other players have to guess what you are drawing.
- The player whose guess is right gets one point.
- The player with the most points is the winner.

wrapping paper	ribbon	icicle	white Christmas
presents	Advent wreath	hot chocolate	turkey
Baby Jesus	nutcracker	snowman	decorations
winter	angel	Santa's hat	wish list

Stern: Sven Lehmkuhl

walnut	Christmas pudding	Bethlehem	tinsel
chimney	bauble	stable	shepherds
sheep	manger	Rudolph, the red-nosed reindeer	candle-light
North Pole	snowball fight	mistletoe	holly
the three wise men	gingerbread man	Christmas tree	Santa's sleigh
candy cane	stocking	donkey	bell

Stern: Sven Lehmkuhl

11 Weitere Spielideen für den Englischunterricht

All I want for Christmas

Dieses Kettenspiel erfordert Konzentration: Eine Person beginnt mit dem Satz *„All I want for Christmas is a ...“* und vervollständigt den Satz zum Beispiel mit *„new bike“*.
Die nächste Person (Nachbar/Nachbarin links) wiederholt den Satz und ergänzt einen weiteren Wunsch, wie zum Beispiel *„All I want for Christmas is a new bike and a watch.“* usw.

Christmas Scramble

Bei diesem Wettspiel spielen zwei oder mehr Teams gegeneinander. Jedes Team erhält einen Briefumschlag mit Karteikarten, auf denen jeweils ein Großbuchstabe des zu erratenden Weihnachtswortes steht. Der Briefumschlag für das Wort MERRY CHRISTMAS zum Beispiel enthält 14 Karteikarten. Mögliche andere Worte sind etwa *candy cane, reindeer, Santa Claus* oder *Christmas day*. Jedes Team erhält pro Durchgang jeweils dasselbe Wort und muss auf ein Startzeichen der Lehrkraft die Buchstaben sortieren. Das Team, das das Wort zuerst herausgefunden hat, gewinnt.

Kim's game

Legen Sie ca. 18 Gegenstände (ggf. Bildkarten) auf ein großes Tablett oder Backblech, wie zum Beispiel *candy cane, ornament, tinsel, sleigh, cookie, star, Christmas card, candle, stocking, a little wrapped present, a toy reindeer, a toy snowman, a toy sleigh, a roast turkey, a napkin with a Christmas pattern, a Christmas plate, a bell, an apple, a gingerbread man* etc. Die Auswahl richtet sich nach der jeweiligen Vokabelkenntnis der Lerngruppe. Die Lernenden haben eine Minute Zeit, um sich alles einzuprägen. Dann wird das Tablett von Ihnen abgedeckt und die Lernenden schreiben auf, was sie behalten haben, bis Sie ein Stoppzeichen geben. Wer die meisten Gegenstände notieren konnte, hat gewonnen.

Variante: Nachdem die Lernenden die Gegenstände eine Minute betrachtet haben, müssen sie ihre Augen schließen („Shut your eyes.“). In dieser Zeit entfernen Sie zwei oder mehr Gegenstände von dem Tablett. Nachdem die Lernenden die Augen wieder geöffnet haben („Open your eyes. What's missing?“) hat die Person gewonnen, die am schnellsten sagen kann, was fehlt.

Christmas charades

Bei diesem Pantomime-Spiel treten zwei Teams gegeneinander an. Die Teams sind abwechselnd an der Reihe. Eine Person zieht eine Karte und liest still den Begriff. Nun muss sie den Begriff pantomimisch darstellen. Errät ihr Team innerhalb einer Minute den Begriff, erhält es einen Punkt. Bereiten Sie dazu Spielkarten (Karteikarten) mit Begriffen aus dem Wortfeld Christmas vor, wie zum Beispiel *Baby Jesus, Santa Claus, snowman, reindeer, manger, star, Christmas tree, tinsel, lights* etc. Man kann den Schwierigkeitsgrad erhöhen, indem man zum Beispiel Christmas carols erraten lässt.

Christmas Bingo

Sammeln Sie mit der Klasse Christmas words und notieren Sie diese an der Tafel. Anschließend zeichnen alle ein Raster mit 3×3 oder 4×4 Feldern auf ein Blatt und wählen 9 bzw. 16 Wörter aus, die sie in die Felder eintragen. Wählen Sie nach dem Zufallsprinzip Wörter aus und nennen Sie diese laut.
Die Person, die zuerst drei bzw. vier Wörter in einer Reihe markieren konnte (waagerecht, senkrecht oder diagonal), hat gewonnen.

Secret Santa

Falls Ihre Klasse zu Weihnachten „wichtelt“, kann dieser anonyme Geschenke-Austausch auch im Englischunterricht stattfinden.

Der Adventskalender ist ein typischer Brauch in der Weihnachtszeit. Er zählt zwar nicht die komplette Adventszeit, die mitunter am 27. November beginnen kann, aber die Zeit vom 1. bis 24. Dezember.

Bei Adventskalendern versteckt sich hinter jedem Türchen eine Überraschung. Das können z.B. Süßigkeiten, Gedichte, Bilder oder kleine Spielsachen sein. Mithilfe der Adventskalender wollte man den Kindern die Wartezeit bis zum Weihnachtsfest verkürzen. Es wäre doch schön, wenn in eurem Klassenzimmer auch ein Adventskalender hängen würde!

Bastelanleitung für einen Klassen-Adventskalender

- Zeichnet verschiedene weihnachtliche Formen (z.B. Sterne, Kugeln, Kerzen) auf Pappe. Sie sollten etwa 5 bis 6 cm groß sein.
- Schneidet die Schablonen aus.
- Legt die Schablonen auf Tonpapier in Farben eurer Wahl, umfahrt sie und schneidet sie aus.
- Fertigt so insgesamt 24 Formen.
- Schreibt die Zahlen 1 bis 24 in schöner Schrift auf die Formen.
- Zeichnet auf ein großes Blatt oder Plakat einen Weihnachtsbaum.
- Klebt eure Formen wie kleine Taschen auf den Weihnachtsbaum. Sie sehen nun aus wie Christbaumschmuck.
- Schreibt anschließend auf 24 Zettelchen je einen Weihnachtsspruch, ein kurzes Gedicht oder zeichnet ein kleines weihnachtliches Bild.
- Verziert die Zettelchen mit Buntstiften.
- Steckt nun in jede Tasche ein Zettelchen.
- Gestaltet euren Baum noch mit Watte, Glitzer und anderen Dingen.

© Jemastock - stock.adobe.com

13 Bastelidee – Der Faltstern

Material:
- Schablonenvorlage
- Streifen Goldfolie
- Bleistift
- Schere
- Nähnadel
- Faden

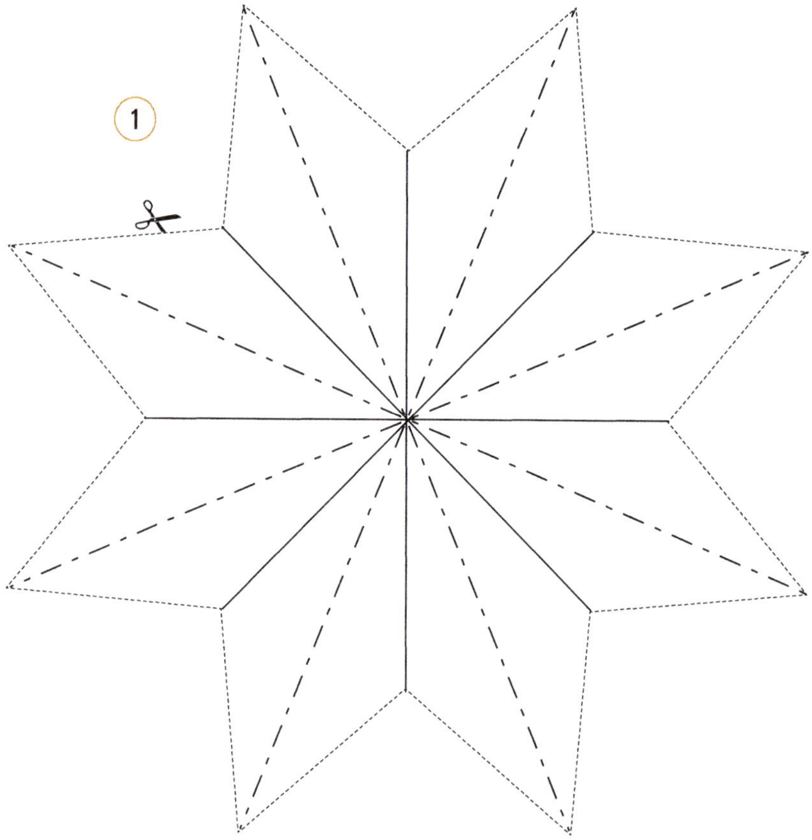

- Schneide zuerst die Sternenschablone aus (Abb. 1).
- Lege die Schablone auf die Folie und zeichne zunächst den Umriss mit Bleistift nach (Abb. 2). Ziehe dann die durchgezogenen und die gestrichelten Linien mit deinem Stift nach – du wirst sie anschließend auf der Folie sehen können.
- Schneide den Stern nun an den Umrissen entlang aus.
- Als Nächstes faltest du entlang aller vier durchgezogenen Linien.
- Drehe deinen Folienstern um und falte nun auch entlang der vier gestrichelten Linien, die von einer Sternenspitze zur gegenüberliegenden Spitze führen.
- Stich mit einer Nähnadel ein kleines Loch in eine Sternenspitze.
- Fädele einen Faden durch das Loch und knote die beiden Enden zusammen. So kannst du den Stern später aufhängen.
- Bringe den Faltstern zuletzt noch ein wenig in Form – und fertig ist dein wunderschöner Weihnachtsschmuck!

Material

Fotokarton (DIN A4) in Gelb, Grau oder Weiß
Ansichtskarten (als Schablonen)
Bleistift
Radiergummi
Schere
Klebestift
Tannenbaum (Klappschnitt)
schwarzes Tonpapier (DIN A5)

Hinweise für Lehrkräfte

- Die Lernenden wählen aus einem Fundus an alten Glückwunsch- oder Ansichtskarten eine Karte als Schablonenvorlage aus. Damit wird eine gängige Kartengröße erreicht, die sich dann leicht in handelsübliche Kuverts stecken lässt.
- Die äußeren Ränder der Karte können zum Schluss mit einem Papierschneidegerät begradigt werden, um Ungenauigkeiten zu beseitigen.
- Je zwei Lernende können sich ein Blatt schwarzes Tonpapier (DIN A5) teilen, da jeweils nur eine Hälfte benötigt wird, oder sie können damit eine zweite Karte gestalten.
  Beim Aufkleben orientieren sie sich an der Hilfslinie in der Mitte der zu gestaltenden Fläche.

Schere: © puchongart – stock.adobe.com, Stift: © HN Works – stock.adobe.com, Tanne: © TWINS DESIGN STUDIO – stock.adobe.com

14 Weihnachtskarten basteln – Anleitung

Material:

- Fotokarton (DIN A4) in Gelb, Grau oder Weiß
- Ansichtskarten (als Schablonen)
- Bleistift
- Radiergummi
- Schere
- Klebestift
- schwarzes Tonpapier (DIN A5)

1. Lege eine beliebige Ansichtskarte als Schablone auf hellen Fotokarton und zeichne die Umrisse mit Bleistift nach.
2. Lege die Karte gleich noch einmal längsseits daneben auf und wiederhole den Vorgang, sodass eine Klappkarte entsteht.
3. Schneide die Karte aus uns klappe sie in der Mitte zusammen.
4. Teile die „Schmuckseite“ mit einer Hilfslinie (Bleistift!) senkrecht in zwei gleich große Flächen.
5. Lege nun die Kartenschablone auf schwarzes Tonpapier, fahre die Umrisse nach und schneide auch diese Fläche aus.
6. Teile diese schwarze Fläche ebenfalls senkrecht in der Mitte in zwei gleich große Teile. Die eine Hälfte wird beiseitegelegt und eventuell für eine weitere Karte verwendet.
7. Zeichne nun auf dem Tonpapier die Umrisse eines halben Tannenbaums vor.
8. Beachte dabei Folgendes: Eine Längskante dient als Trennungslinie für die Baumhälfte. Zeichne einen Baumumriss mit nach unten immer weiter ausladenden Astreihen und einem kleinen Stammansatz.
9. An der Ober- und Unterkante des Tonpapiers bleiben zwischen Spitze bzw. Stamm und Kante mindestens 0,5 cm frei. Das heißt, das Baummotiv darf nicht an die Ränder stoßen.
10. Entwirf Christbaumkugeln an den Zweigen, indem du kleine Kreise einzeichnest, die ober- oder unterhalb der Zweige hinausragen.
11. Schneide dann die Baumhälfte entlang der äußersten vorgezeichneten Umrisslinie aus.
12. Die übrig gebliebene Hintergrundfläche wird nun sofort auf die linke oder rechte Seite der vorbereiteten Karte geklebt und zwar so, dass die Außenränder deckungsgleich aufeinanderliegen. Die Hilfslinie trennt das Motiv in der Mitte. Der Tannenbaum erscheint als Negativbild auf der hellen Fläche des Untergrunds.
13. Schneide nun aus der schwarzen Baumsilhouette entlang der trennenden Mittellinie noch zwei oder drei kleine Halbkreise heraus.
14. Dann klebst du diese schwarze Baumhälfte „geklappt“ entlang der Hilfslinie auf. Sie bildet das genaue Gegenstück zu dem bereits vorhandenen hellen Motiv.
15. Die vorher herausgeschnittenen Halbkreise werden nun auf die helle Seite „geklappt“ und passgenau angeklebt.

Haselnusskranz

Du benötigst:

ca. 10 Haselnüsse
einen Deckel (z.B. von einem großen Marmeladenglas oder von einem Einmachglas)
Klebstoff
Geschenkband

© Olena Rudo – stock.adobe.com

Nimm die Haselnüsse und klebe sie zu einem Kreis zusammen. Als Hilfe dient hier der Deckel. So wird der Kranz schön rund. Lege dabei die Nüsse einfach von innen an den Rand. Dann klebst du eine Nuss an der nachfolgenden fest.

Sobald der Klebstoff getrocknet ist, nimmst du das Geschenkband und befestigst es so am Kranz, dass du den Kranz im Anschluss an einen Zweig des Tannenbaumes, an eine Türklinke oder an einen Haken hängen kannst!

Erdnuss-Schneemann

Du benötigst:

eine Erdnuss in der Schale
weiße Acrylfarbe
einen schwarzen Filzstift
2 kleine Zweige
ein kurzes Stück Wolle
einen dünnen Faden
Klebstoff

© Pushkova art – stock.adobe.com

1. Male die Schale der Erdnuss mit weißer Acrylfarbe an. Verwende dann einen schwarzen Filzstift, um Augen und Mund aufzumalen.
2. Nimm zwei kleine Zweige und klebe sie als Arme an deinen Erdnuss-Schneemann.
3. Knote dem Schneemann ein Stück Wolle als Schal um den Hals. Wenn du willst, kannst du ihm auch noch einen Hut basteln und ankleben.
4. Zum Schluss machst du aus einem dünnen Faden noch eine Schlaufe und klebst sie oben an die Erdnuss, damit du sie am Tannenbaum aufhängen kannst.

Selbst gemachte Kerzen

Du benötigst:

einen hohen Behälter zum Wachsschmelzen
einen großen Topf als Wasserbad
Gießform (aus dem Bastelladen oder Kunststoffbecher/Gläser mit gerader Form)
Wachsreste oder Wachsblättchen (aus dem Bastelladen)
Kerzendocht (aus dem Bastelladen)
Holzspieß

© Mybona – stock.adobe.com

1. Erhitze im großen Topf ausreichend Wasser für ein Wasserbad.
2. Befülle den hohen Behälter mit Wachs und lege ihn in das heiße Wasserbad.
3. Schneide den Kerzendocht so ab, dass er für die Kerze später lang genug ist. Knote das Ende an einen Holzspieß. Den Docht legst du quer über die Gießform, damit er in der Mitte bleibt.
4. Gieße das geschmolzene Wachs in die Gießform. Achte dabei darauf, dass der Docht mittig bleibt.
5. Warte, bis das Wachs vollständig ausgehärtet ist. Lege die Gießform dann kurz ins heiße Wasserbad, damit sich die Kerze aus der Form lösen lässt.

© tommoh29 – stock.adobe.com

Zero-Waste-Popcorn-Girlanden

Du benötigst:

Popcorn (ohne Zucker, Salz oder Butter), ruhig schon ein paar Tage alt
eine Nadel
reißfestes Garn
für mehr Farbe: getrocknete Orangenscheiben, Apfelringe, Trockenpflaumen, Cranberrys und/oder Rosinen

Ziehe das Garn ein Stück durch das Nadelöhr und mache am anderen Ende einen Knoten. Ziehe dann mithilfe der Nadel die Girlanden-Elemente nacheinander auf das Garn.

Du kannst die Girlande nun entweder auf dem Weihnachtsbaum befestigen oder du suchst einen Platz in der freien Natur (z. B. ein Gebüsch), sodass Wildtiere sich daran bedienen können.

© iuliia_n – stock.adobe.com

„Father Christmas“ in Badehose?

Auf der Südhalbkugel der Erde kommt man zu Weihnachten ganz schön ins Schwitzen. Denn es ist Sommer in Australien. Eis gibt es dort allenfalls am Stiel. Deshalb wird Weihnachten dort ein wenig anders gefeiert als bei uns.

Besonders der Weihnachtsmann hat ein Problem. Denn trotz der Hitze soll er auch dort seine „Berufskleidung“ tragen: einen dicken, roten Mantel mit Pelz, eine Mütze und natürlich Winterstiefel. Viel lieber würde er eine Badehose anziehen und auf dem Surfbrett angerauscht kommen. Denn viele Familien feiern Weihnachten am 25. Dezember mit einem Picknick am Strand. Abends singen sie bei Kerzenlicht Weihnachtslieder mit einem neuen Text: ganz ohne Schnee und Winterstimmung.

Auch die Rentiere machen in Australien schlapp. Viel lieber wären sie im hohen, kalten Norden, nahe am Polarkreis. In Australien ist es ihnen einfach viel zu heiß. „Father Christmas“, so heißt der Weihnachtsmann dort, lässt deshalb manchmal sechs weiße Kängurus vor den Schlitten spannen. Eigentlich ganz praktisch, denn in ihre Beutel passen jede Menge Geschenke.

Befana – Wenn in der Weihnachtszeit die Hexe kommt

In Italien hat der Weihnachtsmann einen schweren Stand. Hier macht ihm – einem alten Volksglauben zufolge – die Hexe Befana Konkurrenz. Das allerdings nicht am 24. Dezember. Heiligabend so wie bei uns kennen die Italienerinnen und Italiener nicht.

Am 25. Dezember feiern sie „il Bambinello Gesu“, das Jesuskind. Dann gibt es Geschenke: morgens entweder vor der Schlafzimmertür oder unter dem Weihnachtsbaum.

Befana erscheint erst in der Nacht zum christlichen Fest der Heiligen Drei Könige (Epiphanias, ital. Epifania). Davon leitet sich auch ihr Name ab. Vom 5. auf den 6. Januar fährt die gute Hexe in die Schornsteine, immer auf der Suche nach dem Jesuskind. Denn sie hat der Legende nach das Jesuskind nicht rechtzeitig in der Krippe gefunden, weil sie getrödelt hatte. Deshalb sucht sie es bis heute.

Befana ist eine „weiße“ Hexe. Sie bringt Geschenke und bestraft nur, wenn ein Kind sich nicht wohl verhalten hat. Das macht sie genauso wie der Nikolaus, der Weihnachtsmann oder gar die Weihnachtstrolle. Und auch in Italien stellen die Kinder abends ihre Schuhe vor die Tür oder hängen Socken an den Kamin. Mit ein wenig Glück sind sie am nächsten Tag voller Süßigkeiten und Geschenke. Wer allerdings nicht brav war, finden nur ein Stück Kohle. Die ist aber nicht echt, sondern es sind süße Kohlestücke (carbone dolce) aus schwarz gefärbter Zuckermasse.

Weihnachtsmann: © Mele Brink, Hexe Befana: © iostephy.com – Fotolia.com

13 Trolle und eine schwarze Katze

Der Weihnachtsmann hat einen harten Job. Überall auf der Welt soll er gleichzeitig sein – auch wenn die Zeitverschiebung ihm ein wenig Spielraum lässt. Auf Island jedoch, einer zerklüfteten Vulkaninsel südlich des Nord-Polarkreises, wird er nicht erwartet. Er hat Glück, im Land der Trolle und Elfen vertreten ihn gleich 13 „Weihnachtsmänner“.

© adogslifephoto – stock.adobe.com

Das sind wilde Kerle aus den Bergen, die in der Dunkelheit zu den Menschen kommen. Eigentlich sollen die Weihnachtstrolle, die Jólasveinn, zusammen mit der rabenschwarzen Weihnachtskatze Jólakötturin unartige Kinder fangen. Die Trollmutter will diese kochen und dann verspeisen – so die gruselige, isländische Weihnachtsgeschichte.

Zum Glück sind die Trollbrüder nicht ganz so garstig. Sie treiben nur gern Schabernack. Früher waren sie allerdings richtig üble Gesellen, denen man besser nicht begegnete. Ab dem 12. Dezember erscheint jede Nacht einer der Brüder. Sie stehlen den Menschen am liebsten etwas zu essen, denn in Island wird zur Weihnachtszeit viel gebacken und gekocht.

Die Jólasveinn haben so komische Namen wie Kochlöffellecker, Wurststibitzer, Türzuschläger oder Fensterglotzer. Am 24. Dezember kommt als Letzter der Kerzenschnorrer. Danach gehen die Weihnachtstrolle zurück in die Berge. Jede Nacht einer, bis der letzte am 6. Januar auch verschwunden ist.

Die Kinder auf Island freuen sich auf die 13 Trolle und stellen Schuhe vor die Tür oder hängen Socken an die Türklinke, so wie bei uns zum Nikolaustag. Wer brav war, findet jeden Morgen ein kleines Trollgeschenk, wer sich nicht so vorbildlich verhalten hat, dagegen nur eine runzlige Kartoffel. Zum Glück sind die meisten Isländer die Liebenswürdigkeit in Person – und finden so 13 Mal am Morgen ein kleines Geschenk.

Und was macht die Weihnachtskatze Jólakötturin? Eigentlich frisst sie mit Vorliebe faule Leute. Aber auch die scheinen auf der Insel zwischen Grönland und Europa ausgestorben zu sein. So muss sie am Dreikönigstag hungrig zur Trollmutter zurückkehren. Bis sie im Jahr darauf wieder um die Häuser streichen kann.

© womue – stock.adobe.com

Wo würdest du gerne einmal Weihnachten feiern? Welche Weihnachtstradition findest du besonders interessant? Begründe deine Entscheidung.

Frosch

Stehe aufrecht. Richte die Füße zu den Seiten, die Fersen berühren sich. Strecke die Arme nach oben und lege die Handflächen über dem Kopf aneinander. Gehe in die Hocke und dehne dabei die Knie nach außen. Führe die aneinandergelegten Hände vor die Brust und dehne die Ellbogen nach außen. Dann strecke die Arme und die Beine wieder und wechsle die Bewegungen einige Male ab.

Fuchs

Stelle dich in den Vierfüßlerstand, die Knie, Unterschenkel, Fußrücken und die Handflächen sind am Boden. Strecke nacheinander galant ein Bein nach dem anderen nach hinten in Verlängerung des Rumpfes.

Halbmond

Stehe aufrecht und strecke die Arme nach oben. Lege die Handflächen aneinander und dehne dich in die Länge. Neige den Oberkörper gestreckt nach links. Lege den linken Handrücken an die Seite des linken Oberschenkels, dehne den rechten Arm über dem Kopf nach links. Richte dich wieder auf und neige den Oberkörper anschließend auf gleiche Weise nach rechts.

Hase

Setze dich in den Fersensitz. Lege die Handflächen neben die Knie an den Boden. Beuge den Oberkörper gestreckt vor, bis die Stirn am Boden ist. Du kannst auch ein Kissen vor dich auf den Boden legen, auf das du dann deine Stirn legst.

Löse den Po von den Fersen und rolle den Kopf so weit, dass sich der Scheitelpunkt, also die Mitte des Kopfes, am Boden befindet. Dehne die Arme nach oben und strecke die Finger. Wenn dir dabei schwindelig wird, kannst du auch die Handflächen am Boden lassen.

Haus

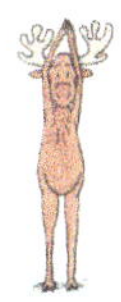

Stehe aufrecht. Hebe die Arme über die Seiten nach oben. Lege über dem Kopf die Fingerkuppen aneinander und dehne den Körper in die Länge.

Igel

Setze dich auf die Fersen. Beuge dich vor, bis der Bauch auf den Oberschenkeln und die Stirn am Boden ist. Du kannst auch ein Kissen vor dich auf den Boden legen, auf das du dann deine Stirn legst.

Lege die Handrücken auf den Rücken und richte die Finger als „Stacheln" auf.

Diese Übung kannst du auch auf dem Stuhl sitzend ausführen. Lege dabei den Kopf auf die Knie oder Oberschenkel und die Handrücken auf den Rücken und richte dann die Finger auf.

Maus

Setze dich auf die Fersen. Lege die Daumenkuppen unter die Nasenlöcher und spreize die Finger zu den Seiten. Beuge dich vor und stütze die Ellbogen am Boden auf.

Kokosmakronen

© Ildi – stock.adobe.com

Zutaten:

4 Eiweiß
120 g Zucker
1 Päckchen Vanillezucker
1 Prise Zimt
200 g Kokosraspeln
ca. 35 Oblaten

Arbeitsschritte:

Schlage das Eiweiß zu sehr steifem Eischnee. Lege ein Blech mit Backpapier aus.

Rühre den Zucker, Vanillezucker und Zimt kurz unter den Eischnee und hebe dann die Kokosraspeln unter.

Verteile die Oblaten auf dem Blech. Nimm nun zwei Teelöffel und setze kleine Häufchen der Teigmasse auf die Oblaten.

Backe die Kokosmakronen ca. 10–12 Minuten bei 170 Grad (Umluft 150 Grad) im Ofen und lasse sie abkühlen. Damit die Makronen schön saftig bleiben, kannst du ein kleines Apfelstück mit in die Plätzchendose legen.

Vegane Vanillekipferl

Zutaten:

250 g pflanzliche Margarine
80 g Puderzucker (+ 30 g für die Kruste)
2 Päckchen Vanillezucker (+ 3 für die Kruste)
300 g Mehl
1 EL Speisestärke
100 g gemahlene Mandeln
1 Prise Salz
50 g Zucker für die Kruste

© Anatoly Repin – stock.adobe.com

Arbeitsschritte:

Mische die trockenen Zutaten für den Teig und gib die Margarine hinzu. Verknete (ggf. mit Knethaken) alles zu einem glatten Teig. Halbiere den Teig und forme daraus zwei ca. 30 cm lange Rollen. Diese wickelst du in Frischhaltefolie und stellst sie für ca. 1 Stunde kalt.

Schneide von den Teigrollen etwa 1 cm breite Scheiben ab und forme sie zu kleinen Röllchen. Biege sie in die klassische Kipferlform (Halbmond) und lege sie auf ein mit Backpapier belegtes Blech. Backe die Kipferl im vorgeheizten Ofen bei 180 Grad (Umluft: 160 Grad) für ca. 12 Minuten, bis sie leicht bräunlich sind.

Vermenge die Zutaten für die Kruste in einer Schüssel. Lasse die Kipferl 2 Minuten auskühlen und wende sie dann in der Zuckermischung. Lasse sie danach auf dem Blech vollständig auskühlen.

Weihnachtspunsch

Zutaten:

1 Liter Apfelsaft
1 Liter Traubensaft (rot)
2 Zitronen
1 Orange
6 Nelken
1 Stange Zimt
1 Prise Muskat

© Floydine – stock.adobe.com

Arbeitsschritte:

Gib Apfelsaft und Traubensaft in einen großen Topf.

Presse die Zitronen und die Orange aus.

Gib den ausgepressten Saft zusammen mit den Gewürzen (Nelken, Zimt und Muskat) in den Topf dazu und lasse alles aufkochen.

Lasse den Punsch bei schwacher Hitze noch weitere 10 Minuten ziehen.

Rentierkekse

Zutaten:

500 g Mehl
250 g weiche Butter oder Margarine
200 g Zucker
2 Eier
1 Päckchen Backpulver
Zum Verzieren: Schokolade oder Zuckerschrift, Nüsse, getrocknete Früchte, kandierte Kirschen ...

Arbeitsschritte:

Gib alle Grundzutaten in eine große Schüssel und verknete sie gut. Forme eine Rolle mit ungefähr 5 cm Durchmesser und lege sie ein paar Stunden in den Kühlschrank. Schneide dann mit einem Messer Scheiben ab und lege sie mit etwas Abstand auf Backpapier. Es sollten ungefähr zwei Bleche voll werden. Heize den Ofen auf 160 Grad vor und backe die Kekse etwa eine Viertelstunde.

Wenn man die Rentiernasen aus Nüssen formt, kann man sie einfach fest in den Teig stecken und mitbacken. Schokolinsen, Rosinen, Kirschen und alles, was verbrennen würde, klebt man lieber erst nach dem Auskühlen mit etwas Zuckerguss an. Am Schluss noch Augen und Geweih aufmalen.

Selbstverständlich kann man aus diesem Grundteig auch etwas anderes als Rentiere zaubern: Herzen, Kringel, Engel, Sterne ...

© Lucia Bader

Weihnachtsmüsli

Zutaten für 6 Portionen:

200 g Haferflocken
100 g gehackte Mandeln
50 g andere Nüsse und Kerne (z. B. Walnüsse, Pekannüsse, Sonnenblumen- oder Kürbiskerne)
1 EL Lebkuchengewürz
3 ½ EL Honig
5 EL Sonnenblumenöl
Trockenfrüchte (z. B. Cranberrys) oder geraspelte Schokolade

© Ildi – stock.adobe.com

Arbeitsschritte:

Nimm dir ein Backblech und lege es mit Backpapier aus. Heize den Backofen auf 160 Grad (Umluft) vor. Fülle nun die Haferflocken in eine große Schüssel. Füge die gehackten Mandeln sowie weitere Nüsse und Kerne deiner Wahl hinzu.

Füge nun Lebkuchengewürz, Honig und Sonnenblumenöl hinzu und vermische alles gut. Danach verteilst du die Müslimischung auf dem Backblech. Backe sie ca. 15–20 Minuten (nach der Hälfte der Zeit einmal auf dem Blech durchmischen) und lasse sie danach abkühlen. Anschließend kannst du noch Trockenfrüchte wie Cranberrys oder geraspelte Schokolade hinzufügen, wenn du magst. Fülle das Müsli dann in ein großes Glas mit Verschluss, damit es frisch bleibt.

Weihnachtsmarmelade

Zutaten für 8 Marmeladengläser:

1 kg tiefgekühlte Beeren (am besten eine Beerenmischung)
3 Äpfel
3 TL Zimt
1 TL Kardamom
2 TL Vanillezucker
2 EL Zitronensaft
500 g Gelierzucker 3 : 1

© gitusik – stock.adobe.com

Arbeitsschritte:

Vermische die gefrorenen Beeren mit dem Gelierzucker in einem großen Topf. Schäle die Äpfel und schneide sie in grobe Stücke. Gib sie zu den Beeren in den Topf und verrühre die Früchte mit dem Zitronensaft. Gib die Gewürze und den Vanillezucker hinzu. Erwärme die Mischung nun auf dem Herd, bis die Beeren leicht angetaut sind. Püriere sie anschließend auf höchster Stufe mit dem Pürierstab. Koche die Marmelade unter ständigem Rühren auf und lasse sie – je nach Packungsanweisung des Gelierzuckers – 3 bis 5 Minuten sprudelnd kochen. Fülle die heiße Marmelade (am besten mit einem Trichter) in Marmeladengläser und stelle sie für etwa 10 Minuten auf den Kopf. Drehe die Gläser danach wieder um und lasse sie vollständig abkühlen.

Wimmeliges Weihnachtsfest

Weihnachts-Zentangle

Weihnachtspuzzle zum Ausmalen

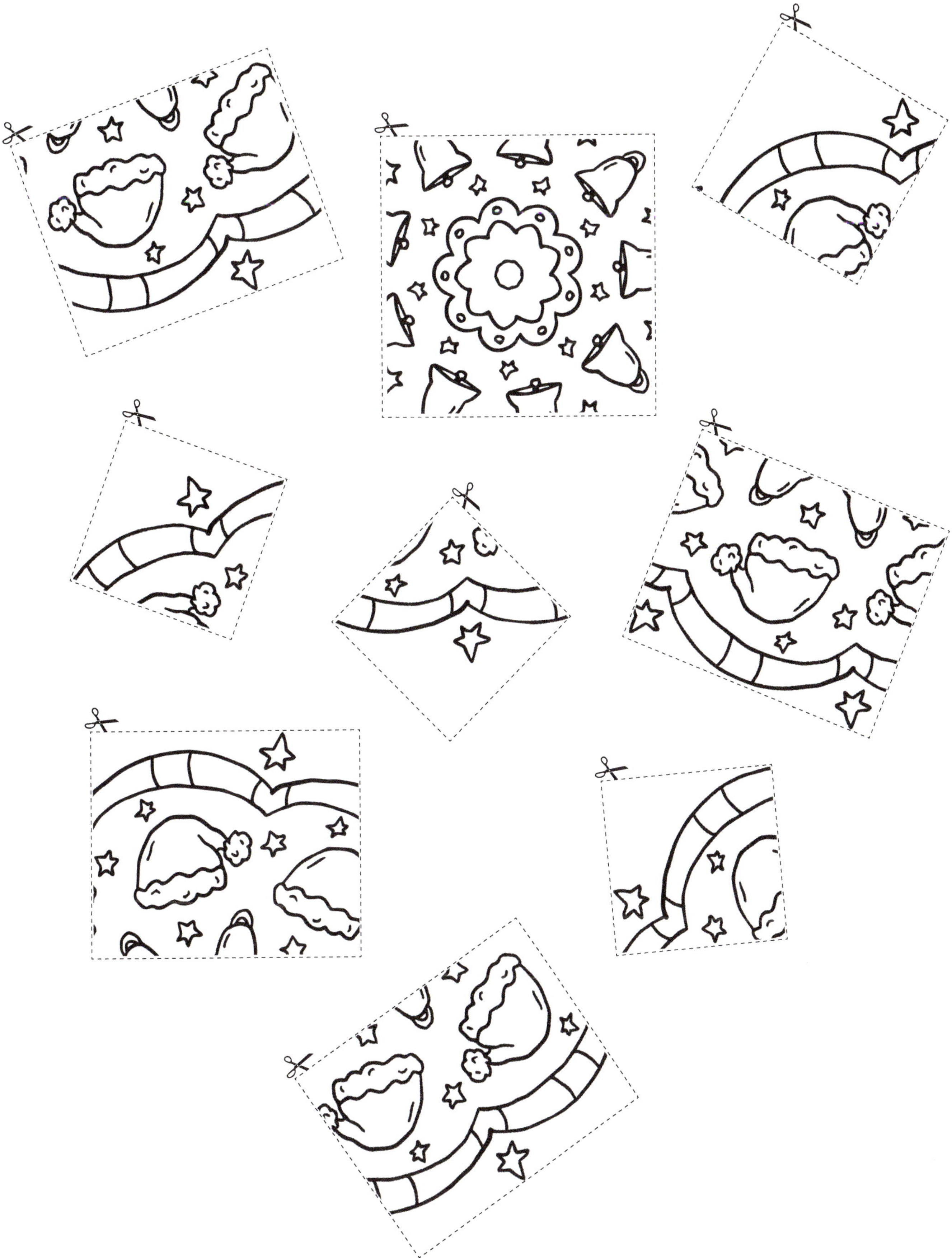

© singmuang – stock.adobe.com

Geschenke nachhaltig verpacken

★ Zeitungspapier upcyceln

Gelesene Zeitungen und Zeitschriften, aber auch aussortierte Poster eignen sich hervorragend zum Verpacken von Geschenken. Mit etwas Glück passt das ausgesuchte Papier sogar zum Thema des Geschenkes.

© ronstik – stock.adobe.com

© ihorhvozdetskiy – stock.adobe.com

★ Naturmaterialien als Dekoration

In der Vorweihnachtszeit lassen sich in der Natur ganz einfach Dinge sammeln, die als Geschenkdeko verwendet werden können, z. B. Nadelzweige oder Fichtenzapfen.

★ Individuelle Kartoffelstempel

Geschenke lassen sich auch mit individuell gestalteten Kartoffelstempeln verzieren. Dazu halbiert man rohe Kartoffeln und schnitzt weihnachtliche Formen, wie z. B. Lebkuchenmännchen, Tannenbäume oder Sterne in die glatten Flächen. Nun braucht man nur noch etwas Farbe, in die man die Stempel tauchen kann, und bedruckt dann das Geschenkpapier ganz nach eigenen Vorlieben.

© Ian 2010 – stock.adobe.com

© oselote – stock.adobe.com

★ Dosen als Alternative

Alte Dosen (z. B. Keksdosen oder Kaffeebüchsen) kann man hervorragend als Verpackung nehmen. Diese verursachen keinen Müll und können nach Weihnachten noch wiederverwendet werden.

Es ist das letzte Haus, zu dem du an diesem besonderen Abend musst. Du, der Weihnachtsmann höchstpersönlich, willst dort die letzten Geschenke für dieses Jahr abliefern. Ganz am Ende der Straße steht es auf einem riesigen Grundstück mit einer langen Auffahrt und einem großen Garten mit vielen Bäumen. Die kannst du prima als Versteck nutzen, um dich unbemerkt heranzuschleichen. Denn schließlich darf niemand den Weihnachtsmann bei der Arbeit sehen! Es ist zwar keiner zu Hause, aber man weiß ja nie. Als du den hässlichen Kasten aus Glas und Beton erreicht hast, seufzt du: Das Haus hat keinen Schornstein, sondern eine dieser neuen Wärmepumpen. Einfach wie früher durch den Kamin ins Wohnzimmer rutschen – das geht heutzutage nicht mehr! Du musst einen anderen Weg finden. Zum Glück hat jemand vergessen, die Hintertür zur Garage abzuschließen. Du gehst hinein, wirfst einen kurzen Blick auf das teure E-Auto, das dort steht, und willst gerade die Tür ins Haus öffnen, als die Alarmanlage losgeht! So ein Mist! Du musst sie ganz schnell abschalten, bevor die Nachbarn die Polizei rufen! Neben der Tür hängt ein Keypad. Dort musst du ein Passwort aus Buchstaben eingeben. Zum Glück entdeckst du daneben einen gelben Klebezettel mit einem Hinweis:

Passwort: ___ ___ ___ ___

Notizzettel: © Ariyaporn – stock.adobe.com, Weihnachtsmann: © Katharina Reichert-Scarborough, weitere: © Barbara Gerth

Lösung:

G-O-T-T, tippst du ein, denn das auf dem Zettel sollen bestimmt der Vater, der Sohn und der Heilige Geist sein, die Dreifaltigkeit oder Trinität. Außerdem scheint dir so ein Passwort wirklich zu diesem protzigen Haus und dem Luxusauto zu passen. Wahrscheinlich hält sich der Besitzer selbst für Gott! Und tatsächlich: Kaum hast du den letzten Buchstaben eingetippt, verstummt die Alarmanlage. Geschafft! Jetzt musst du nur noch die Geschenke unter den Baum legen und dann nichts wie weg hier!

Extra-Aufgabe:

Leider war die Wunschliste des Jungen, der hier wohnt, ganz schön lang. Du legst die Pakete mit Spielekonsole, Handy, Tablet, Laptop, Smartwatch, Sneakern, Skateboard, Klamotten, DVDs, Games, Büchern und tonnenweise Süßigkeiten eins nach dem anderen unter den Baum. Es nimmt gar kein Ende! Als du nach einer gefühlten Stunde fertig bist, beschließt du, der Familie auch einen Klebezettel mit einem bildlichen Hinweis dazulassen, damit sie sich daran erinnert, worum es an Weihnachten wirklich gehen sollte.

Seid ihr bereit für die ultimativen Weihnachts-Challenges? Für jede erfolgreich durchgeführte Aktion dürft ihr einen Buchstaben des Schriftzugs auf dem zweiten Blatt ausmalen. Schafft ihr alle 24?

1. Gestaltet einen Klassen-Adventskalender.
2. Backt vegane Weihnachtsplätzchen, indem ihr tierische Produkte in klassischen Rezepten ersetzt oder von vornherein vegane Rezepte verwendet.
3. Verfasst zusammen ein witziges Weihnachtsgedicht.
4. Macht jemandem in der Schule eine Freude, z. B. dem Hausmeister, dem Reinigungspersonal, der Schulsekretärin, eurer Lieblingslehrkraft o. Ä.
5. Singt gemeinsam ein Weihnachtslied auf dem Pausenhof.

6. Sammelt Spenden für einen wohltätigen Zweck.
7. Bastelt Weihnachtsschmuck aus natürlichen oder recycelten Materialien und dekoriert damit euer Klassenzimmer.
8. Überlegt euch ein Quiz mit Fragen rund um das Weihnachtsfest und spielt es mit eurer Lehrkraft.
9. Sammelt Dinge, für die ihr als Klasse dankbar seid, und schreibt sie auf ein Plakat, das ihr im Klassenzimmer aufhängt.
10. Baut gemeinsam eine Weihnachtskrippe für euer Klassenzimmer.

11. Sammelt Müll auf dem Weihnachtsmarkt und entsorgt ihn fachgerecht.
12. Besucht ein Seniorenheim in der Nähe und bringt die Menschen zum Lächeln.
13. Schreibt eine eigene kleine Weihnachtsgeschichte und veröffentlicht sie auf der Schulhomepage.
14. Erstellt einen Klassen-Wunschzettel mit Dingen, die ihr euch für eure Klassengemeinschaft wünscht und die man nicht kaufen kann.
15. Informiert euch in Gruppen über Weihnachtsbräuche in anderen Ländern und stellt sie der Klasse vor.
16. Geht durchs Schulhaus und findet weihnachtliche Elemente. Haltet sie auf Fotos fest.
17. Macht zusammen Weihnachts-Yoga.
18. Veranstaltet ein Weihnachtsfrühstück im Klassenzimmer und schmückt die Teller mit einer weihnachtlich gefalteten Serviette.

Illustrationen: © TWINS DESIGN STUDIO – stock.adobe.com

19 Legt eine Sammlung mit besinnlichen Weihnachtsgedichten und kurzen Geschichten an. Wählt am Ende jeder Woche (oder öfter) einen Text aus und lest ihn in der Klasse vor.

20 Kreiert eure eigenen Kerzen aus Wachsresten.

21 Spielt ein Weihnachtsspiel.

22 Erstellt eine Klassen-Playlist mit euren Lieblingsweihnachtsliedern.

23 Bastelt einen Haselnusskranz, den ihr an eurer Klassenzimmertür befestigt.

24 Sammelt eure Lieblingsweihnachtsfilme. Stimmt darüber ab und seht euch den Film mit den meisten Stimmen gemeinsam an.